글 | 김현주
중앙대학교에서 문예창작을 공부했고, 어린이 책 개발자로 일하고 있습니다.
철학, 문학, 수학, 사회 등 다양한 그림책을 개발했고, 쓴 책으로는
〈뭐든지 세어 주는 수 세기 박사〉, 〈알로와는 지도도 잘 그려〉, 〈신 나는 의자〉 등이 있습니다.

그림 | 전미화
한국일러스트레이션학교에서 일러스트레이션을 공부했습니다.
쓰고 그린 책으로는 〈눈썹 올라간 철이〉, 〈씩씩해요〉 등이 있으며,
그린 책으로는 〈책 씻는 날〉 등이 있습니다.

누리 세계문화 45 괴물 유치원에 괴물이 나타났어요
글 김현주 | 그림 전미화 | 펴낸이 김의진 | 기획편집총괄 박서영 | 편집 정재은 이영민 김한상 | 글 다듬기 박미향 | 디자인 수박나무
제작·영업 도서출판 누리 | 펴낸곳 Yisubook | 주소 경기도 고양시 일산동구 일산로67, 3층 | 고객상담실 080-890-7000
잘못된 책은 바꾸어 드립니다. 이 책에 실린 글이나 그림을 무단으로 복사, 복제, 배포하는 것을 금합니다.
⚠1. 사람을 향해 던지거나 떨어뜨리지 마십시오. 2. 고온 다습한 장소나 직사광선이 닿는 장소에는 보관하지 마십시오.

유치원에 괴물이 나타났어요

글 김현주 그림 전미화

"으악, 덕배가 온다. 모두 도망쳐!"
덕배는 우리 유치원 괴물이에요.
장난감과 간식을 빼앗고
친구들을 밀거나 당겨서 넘어뜨려요.

"크아앙, 나는 괴물이다."
덩치가 큰 덕배는 툭하면 괴물 흉내를 내요.
와구와구 흘리며 먹고, 블록을 쓰러뜨리고,
친구들을 울려요.

낮잠 시간이 되어 모두 잠이 들었는데
소라와 그루가 소곤소곤 말해요.
"덕배는 너무해. 진짜 무서운 괴물을 불러와서 혼내 주자."
아이들은 괴물 그림책과 마술 그림책,
낮잠 이불을 갖고 살짝궁 놀이터로 나왔어요.
"수리수리마수리 아브라카다브라 얍!"
낮잠 이불이 폴랑 날아올랐어요.

낮잠 이불이 폴랑폴랑 날아서 일본에 도착했어요.
일본에는 물가에 *갓파가 있어요.
"갓파야, 우리 유치원에 가서 덕배 좀 혼내 줄래?"
갓파는 오이를 오드득오드득 씹어 먹더니
소라와 그루를 물속에 빠뜨리려고 해요.

"에구, 안 되겠다. 도망가자."
아이들은 훌렁훌렁 날아올랐어요.

낮잠 이불은 폴랑폴랑 날아서 몽골로 갔어요.
몽골 고비 사막 모래 속에는 *올고이 코르고이가 있어요.
"올고이 코르고이야,
우리 유치원에 가서 덕배 좀 잡아갈래?"
쿠아앙!
올고이 코르고이가 모래 위로 솟아올라 입을 쩍 벌려요.
"아이고, 우리가 먼저 잡아먹히겠다. 어서 가자."
아이들은 간당간당 올고이 코르고이를 피해 날아올랐어요.

소라와 그루는 가다가 가다가 네팔에 도착했어요.
흰 눈이 쌓인 히말라야에서 햇볕을 쬐는 *예티를 만났지요.
"털북숭이 예티야, 우리 유치원에 같이 가지 않을래?"
예티는 가슴을 탕탕탕탕 치더니 쿵쿵 달려왔어요.
"아니, 왜 그래? 무서워. 빨리 날아오르자."
아이들은 폴랑폴랑 낮잠 이불을 타고 올라갔어요.

소라와 그루는 인도 산악 지대로 날아갔어요.
"앗, 조심해. 부딪치겠어."
*그리핀이 독수리 날개를 퍼덕이며 날아가요.
발에는 작은 당나귀가 잡혀서 이히힝 울어요.
"그리핀아, 당나귀가 아프다잖아. 놓아줘."
그리핀은 바위 사이 금은보석으로 만든 둥지에 내려앉더니
오마나! 글쎄 당나귀를 꿀꺽 삼키지 뭐예요.
"으악, 그리핀이 당나귀를 잡아먹었어. 징그러워."
아이들은 허겁지겁 도망쳤어요.

소라와 그루는 이제 너무 졸려요.
둘은 계속 하품을 해요.
"친절한 괴물을 만나기가 쉽지 않구나."
"말이 통하는 괴물은 없나?"
아이들은 낮잠 이불을 돌돌 말면서 중얼거렸어요.
낮잠 이불은 북쪽으로 폴랑폴랑 날아갔어요.

"아, 싱그러운 냄새."
아이들은 노르웨이의 자작나무 숲을 지나가게 되었어요.
백야라서 밤이 되었는데도 낮처럼 훤해요.
쿵! 쿵! 쿵!
아이들은 마을에서 서성이는 거대한 *트롤을 만났어요.
트롤은 자작나무를 뽑아서 우적우적 먹어요.
자동차를 뒤집어서 타이어도 질겅질겅 씹어요.
그러더니 나중에는 자기 꼬리도 먹으려는 거 있죠.
"뭐야, 너무 멍청해서 말도 못 알아듣겠다. 그냥 가자."

소라와 그루는 아이슬란드 바다를 건너가요.
그때 배에서 선원들의 비명 소리가 들렸어요.
"으악, *크라켄이다. 어서 도망가자."
아이들은 배에 붙어 있는 크라켄한테 말했어요.
"크라켄아, 우리 유치원에 가 줄 수 있겠니?"
크라켄은 다리를 휘두르며 아이들을 잡으려고 해요.
"어이쿠, 빨판이다. 저 커다란 빨판에 걸리면 끝장이야.
빨리 도망가자."
아이들은 깜짝 놀라 날아올랐어요.

아이들은 바다를 건너 북아메리카로 넘어갔어요.
미국 오하이오 주 들판에서 *모스맨을 만났지요.
"모스맨, 우리 유치원에 가 줄 수 있니?"
아이들은 모스맨의 냄새가 어찌나 지독한지 코를 막고 물었어요.
모스맨은 나방 날개를 펼치더니 붉은 눈을 빛내며 쫓아왔어요.
키키, 키키.
"으히, 저 소리 너무 기분 나쁘다. 그냥 가자."
아이들은 다시 도망갔어요.

아이들은 남아메리카 푸에르토리코 위를 날아가다가
*추파카브라를 만났어요.
추파카브라는 캥거루처럼 폴짝폴짝 뛰며
염소와 닭과 말을 헤집고 다녔어요.
"추파카브라야, 우리 유치원에 같이 가 볼래?"
추파카브라가 얼굴을 돌리는데 입에서 피가 주르륵 흘러요.
금방 꼬꼬닭의 피를 빨아 먹은 거예요.
"꺄악, 흡혈 괴물이다. 아이고, 무서워."
소라와 그루는 정신없이 도망쳤어요.

소라와 그루는 낮잠 시간이 끝나기 전에 서둘러 돌아왔어요.
잠에서 깬 아이들이 놀기 시작했어요.
"다 비켜! 내놔! 이게 뭐야?"
덕배는 여전히 아이들을 괴롭혀요.
그런데 갑자기 덕배가 으앙 울며 도망가지 뭐예요.
"덕배야, 이리 와. 나는 크라켄이야!"
"크르릉, 나는 올고이 코르고이다."
괴물 흉내를 내며 소라와 그루가 깔깔 웃었답니다.